见识城邦

更新知识地图　拓展认知边界

Agonie des Eros

Byung-Chul Han

爱欲之死

[德] 韩炳哲 著　宋娀 译

中信出版集团 | 北京

图书在版编目（CIP）数据

爱欲之死 /（德）韩炳哲著；宋娀译 . -- 北京：中信出版社，2019.3（2025.6重印）
ISBN 978-7-5086-9708-6

Ⅰ．①爱… Ⅱ．①韩… ②宋… Ⅲ．①心理学—研究 Ⅳ．① B84

中国版本图书馆 CIP 数据核字（2018）第 255365 号

爱欲之死

著　　者：[德] 韩炳哲
译　　者：宋娀
出版发行：中信出版集团股份有限公司
（北京市朝阳区东三环北路 27 号嘉铭中心　邮编　100020）
承 印 者：北京通州皇家印刷厂

开　　本：880mm × 1230mm　1/32　　印　　张：3　　字　　数：36 千字
版　　次：2019 年 3 月第 1 版　　印　　次：2025 年 6月第 21次印刷
京权图字：01–2018–6480
书　　号：ISBN 978-7-5086-9708-6
定　　价：32.00 元

目　录

序　重塑爱欲

阿兰·巴迪欧[1]

韩炳哲试图用此书阐明这样一个观点：纯粹意义上的爱，曾经被置于一个悠久的历史传统之中的爱，如今受到了威胁，甚至已经死亡；不管怎样，当今的爱是病态的，正如作者给这本书所起的题目一样——“爱欲之死”（Agonie Des Eros）。

是什么将爱置于濒死的边缘？自然是当今时代的个人主义，一种将一切事物在市场上明码标价的必要性，一种可定义当今社会所有个体自私行为的逻辑。事实上，纯粹的爱站在当今这个资本全球化世界所有

1　阿兰·巴迪欧（Alain Badiou，1937—　），法国作家、哲学家。（本书脚注均为译者注。）

规则的对立面，这并不是说只有一纸婚约能保证两个人惬意的共同生活——事实上，纯粹的爱从根本上体现了对“他者”这一存在的经验。这或许是唯一可行的经验。

为了论证这一观点，韩炳哲探究了纯粹之爱（包含由爱驱动的性欲）在当今时代遭遇的多种多样的威胁。一方面，他详细描述对于“他者”的绝对经验；另一方面则条分缕析地指出，哪些原因致使我们离这种经验越来越远，造成我们与“他者”的隔绝，甚至无法审视这一现象的后果。

这本书毫无保留地展示了纯粹之爱的最基本条件：它要求一个人有勇气消除自我，以便能够发现他者的存在。同时他综述了当今世界所有以自恋式的自我满足为目的的“圈套”（Hinterhalten）和“花招”(Angriffen)，正是这些“花招”，遏制了爱欲发生的可能性。

这本书将严谨的哲学（文章结尾对德勒兹的引

用令人惊喜）与来自不同研究源头的详尽叙述结合起来，创造出一种引人入胜的阅读乐趣。

书的第一章引述了拉斯·冯·提尔的电影《忧郁症》（*Melancholia*）。电影中出现的勃鲁盖尔画作《雪中猎人》（*Die Jäger im Schnee*），以及瓦格纳的《特里斯坦和伊索尔德》（*Tristan und Isolde*）配乐，都喻示着作为客体的“他者”的逐步入侵打破了主体的平衡，对于“自我”既是一场灾难，也是自毁、自灭的“幸运”，最终通往自我救赎之路。

书的第二章从对福柯的尖锐批评开始，到对列维纳斯[1]和马丁·布伯[2]的含蓄赞扬为止。福柯赞赏“能力”，认为其可抵偿“知”的被动性，对“效率”也大加赞扬，而后者则深知“爱欲的问题……事实上是与‘他者’的关系问题，早已超越了效率和能力的范

1　列维纳斯（Emmanuel Levinas，1906—1995），法国著名哲学家。

2　马丁·布伯（Martin Buber，1878—1965），奥地利－以色列－犹太哲学家、翻译家、教育家。

畴”（引自韩炳哲语）。与福柯的观点相悖却能支撑列维纳斯的观点的，正是我们作者的中心思想，即“他者的‘否定性’，也就是他者的‘独一无二性’，超越了任何一种‘能力’……对于爱欲的经验来说是决定性的条件”。读者在此碰到了一种极度令人惊讶的表述：“唯有到无能为力（Nicht-Können-Können）的境地，他者才有机会出现。”此语如同整本书的源代码，意即爱情的经验要通过“无能”来实现，这是“他者”现身的代价。

贯穿第三章的是黑格尔令人瞠目的论断。他发现爱之权力是衡量“绝对性”的新标准。没有绝对的“否定”就不存在绝对的“肯定”。如黑格尔所言，只有在爱情中，精神能够体验对自我的消灭，“让自我在死亡中得以保存。因为真正的爱表现为自我的不复存在，以便他者出现”。黑格尔为巴塔耶[1]的论断提

1 巴塔耶（Georges Bataille，1897—1962），法国评论家、思想家、小说家。

供了支撑。作者在这里饶有趣味地援引了巴塔耶最惊世骇俗的一句话："所谓色情，可以说是对生命的肯定，至死方休。"

第四章的题目是"色情"，点出了这对传统意义上的对立概念——情欲（Erotik）和色情（Pornografie）。作者经常批判性地援引阿甘本[1]和鲍德里亚[2]，称色情无异于爱情的粗鄙化（Profanisierung）。在这里，读者可以读到关于"展示"的一句经典论断："资本主义加速了社会的色情化进程，它将一切事物当作商品展出，请所有人观看。除了性，这些展示毫无用途。它将爱情粗鄙化，变成色情。"唯有爱能够将仪式感加诸情欲或性，而不是将它进行展示，即便在身体赤裸的时刻，爱也能保护"他者"的神秘感。当今时代的"展示"已经将这种神秘感转变成了司空见惯的廉价

1　阿甘本（Giorgio Agamben，1942—　），意大利哲学界和激进政治理论界的领袖人物。

2　鲍德里亚（Jean Baudrillard，1929—2007），法国哲学家、社会学家、后现代理论家。

消费品。

在第五章中，伊娃·易洛思[1]（《爱，为什么痛？》［*Warum liebe wehtut*］作者）和福楼拜、罗兰·巴特等其他哲学家共同陪伴我们的阅读之旅。作者进一步阐释了那些在各式各样对“他者”的幻想中产生的、内容丰富的爱，是如何在当今这种整齐划一的、一切皆可变现的世界中落入“同质化的地狱”垂死挣扎、奄奄一息的。作者在这里有一段深刻透彻的论述。他指出，所有在资本主义社会中形成的丰富与贫乏之间的界限、限制和排他性，究其根源，不应在其差异中，而应在其一致性中去寻找：“原则上来说，钱让一切变得没什么不同。它消除了所有本质上的差别。这些界限是排外的、具有排他性的，因此就消除了一切对所谓‘他者’的想象。”

第六章指出了爱情与政治的关系。作者恣意地跳

1 伊娃·易洛思（Eva Illouz），社会学家，希伯来大学理性研究中心研究员。

进柏拉图深思熟虑的分析，特别是关于灵魂的生动论述中去。柏拉图认为，灵魂引导爱情变成了一个理念，与韩炳哲书中的“疲怠社会”（Müdigkeitsgesellschaft）相对立。这也是一个令人震惊的论断，直击当今社会的软肋。这一章也是对我本人观点“爱是双人舞”（die Liebe eine Bühne der Zwei）的精确和有力的解读。得益于这一特性，社会的最小基本单元产生了。该章节的结尾指出了爱能使“性冲动转化为精神激动”的能力：“表达出来的爱欲，代表着对其他个体生命形式和社群组织的革命性的渴望。是的，它维护着人们对未来的忠诚。”

最后一章指出了爱之于思考的必要性：“必须做一个好朋友、好情人，才能有思考的能力。”文章以对爱情的赞美结尾，同时与对拒绝爱情之社会的强烈控诉结合起来：拒绝爱情，会毁灭你的思考力。

读者朋友们可以设想，这样一本短小、精悍、引人入胜又意涵丰富的书，一方面宽容大度地对“他者”进行激赏，另一方面则对个体化的、让人筋疲力尽的、“自恋式抑郁”的当代“个体”进行抨击，会引起怎样的争议。我在此也想蜻蜓点水式地表达一下个人观点：一个人真的只能通过难以企及的，甚至是庄严的“自我牺牲”来对待自我与他者的关系，才能抵达“他者”的世界吗？事实上，出于爱而进行的“自我献祭”，让自我在他者的世界消失——这一理念有着一段悠久的、无上光荣的历史，即对上帝的爱，正如在圣十字约翰那些富有激情的诗歌中所体现的那样。

可在上帝死后，人们如何在这条路上继续前行？我们也许走进了一条死胡同。也许“爱是双人舞”的观点是对这个世界的一次重构，世界既不是“我”的，也不是“他”的，而是一个单数的“我们俩”，这是为所有人重新绘制的世界蓝图，是为我们开辟的一条崭新道路。或许以满足他者利益为目的的自我牺牲，只是对于爱的“否定性”的一种暂时性的、极端的验证试验（Bewährungsprobe）。从形而上的角度看，这种没有边界的、对他者和“否定性”的绝对接受不也是一种极左的思想吗？也许对爱的忠诚不过是两个个体努力争取的、用来对抗个体性遗忘的方式。

阅读韩炳哲的这一短篇，无论如何也是最具才思智慧的享受。若你想加入这场辩论，那么眼下最紧要的是，要么捍卫爱，要么如兰波所言——“重塑爱欲”（Neuerfindung der Liebe）。

（迪克·霍弗，译自法语版）

忧郁症

近年来常有人宣告“爱情的终结”，称当今的爱情已死于无休止的选择自由和完美主义症结。在一个不设限的、充满可能性的世界，爱情变得不可能。遭受批评的还有日渐冷却的激情。伊娃·易洛思在《爱，为什么痛？》一书中将此归咎于爱情的过度理性化以及选择套路的普及化。然而，这些关于爱情的社会学理论都没有认识到，比起无止境的选择和自由，一件更糟糕的事正在发生。导致爱情危机的不仅仅是对他者的选择增多，也是他者本身的消亡。这一现象几乎发生在当今时代所有的生活领域，伴随着个体的“自恋”情结的加深。他者的消亡其实是一个充满张力的过程，不幸的是，它的发生并未引起人们的关注。

爱欲的对象实际上是他者，是个体在“自我”的王国里无法征服的疆土。当今社会越来越陷入同质化的地狱（Hoelle des Gleichen），无法产生爱欲的经验，因为爱欲的前提是作为他者的非对称性和外部性。难怪苏格拉底被称作爱人“阿特洛波斯”（atopos），意为独一无二，难以收纳入任何类别、任何范畴。我所渴望的“他”，令我着迷的“他”，是无处可栖的。“他”逃避同质化的语言关联：“作为阿特洛波斯，‘他’令语言战栗：对于‘他’，不可说，不可说，一说即是错。每一个定语皆显得虚伪、冒失，令人既痛苦又尴尬……”[1]今天，我们的文化中充斥着对比和比较，根本不允许“他者”的存在。我们时刻把所有事物拿来比较、归类、标准化，为“异类”寻找“同类”，因为我们已经失去了体验“他者”的机会。针对“他者”的消费是不存在的。消费社会力求消灭异质化（heterotopischer）的他者世界的差异性和可消费性。与“差异”相比，“差别”是一个褒义词。一切都将作为消费的对象变得整齐划一。

我们生活在一个越来越自恋的社会。力比多首先被投注到了自我的主体世界中。自恋（Narzissmus）与自爱（Eigenliebe）不同。自爱的主体以自我为出发点，与他者明确划清界限；自恋的主体界限是模糊的，整个世界只是“自我”的一个倒影。他者身上的差异性无法被感知和认可，在任何时空中能被一再感知的只有“自我”。在到处都是“自我”的深渊中漂流，直至溺亡。

忧郁症（Depression）是一种自恋性的病症，病因往往是带有过度紧张和焦虑、病态性控制狂色彩的自我中心主义。自恋型忧郁症的主体往往被自己折磨和消耗到精疲力竭，感到无所适从，被“他者”的世界遗忘。爱欲与忧郁是相互对立存在的。爱欲将主体从“自我”世界中拉扯出去，转移到“他者”世界。当今世界，自恋主体的核心追求是成功。成功可以通过确认“我”的成绩而与“他者”分离，“他者”就变成了“我”的参照物。这一奖赏性的逻辑将自恋的主体更加牢牢地编织在他的“自我”中。于是就产生了成功后忧郁症（Erfolgsdepression）。忧郁症的主体深陷“自我”的旋涡直至溺毙；爱欲则能从对“他者”的体验中感知到差异的存在，引导一个人走出自恋的沼泽区。爱欲会激发一种自愿的忘我和自我牺牲。一种衰弱的感觉向坠入爱河的人的心头袭来，但同时一种变强的感觉接踵而至。这种双重的感觉不是“自我”营造的，而是他者的馈赠（Gabe des Anderen）。

在同类的地狱中，他者可能会以末日宣判者的形象出现。换句话说：如今，只有世界末日能把我们从同类的地狱中解救出来。因此，拉斯·冯·提尔在电影《忧郁症》开始即引入一颗具有毁灭性的、被视为将带来世界末日的灾星。灾难（desaster）的德文名 Unstern（拉丁文为 Des-astrum），原意也是“不祥之星”。贾斯汀和姐姐克莱尔一同发现了夜空中一颗微微泛红的星球，后来它被证明是一颗灾星。灾星被命名为“忧郁”，它带来了一串厄运，可同时又具备疗愈、净化的效果。因此，“忧郁”之星是一个悖论式的存在，它一方面治疗忧郁，一方面引起特定形式的忧郁。它作为一个“他者”出现，救贾斯汀于自恋的泥淖。在这颗毁灭的星球面前，她第一次感受到了生命力。

爱欲战胜忧郁。爱与忧郁之间的张力从一开始就渲染了电影《忧郁症》的氛围。《特里斯坦和伊索尔德》的序曲框定了整部电影的音乐结构，唤起了爱的力量。忧郁症是一种“爱无能”的体现。当“忧郁之星”作为“他者”闯入贾斯汀的“自我世界”之后，贾斯汀燃起了一股对情欲的渴望。在河边岩石上裸体的一幕中，可以看到一个坠入爱河的女子被情欲湮没身体。在这颗死亡星球的暗灰色光芒里，贾斯汀舒展四肢，满怀期待，仿佛在渴望与那颗天体发生致命的一撞。她渴望迫近的灾难，如同渴望与相爱之人的幸福结合。在这里，我们自然而然会想到伊索尔德的“殉情”。濒死一刻，伊索尔德心满意足地将自己奉献给了“飘摇宇宙中世界的微风和芳香”。无独有偶，在影片仅有的这一处情欲场景中，《特里斯坦和伊索尔德》的序曲再次响起。神奇的是，这曲子点燃了爱与死、末世与救赎的联结关系。更有违常理的是，濒死的体验使贾斯汀复生。死亡为她打开了他者的世界，将她从自恋的牢狱中解救出来，贾斯汀全身心投入到帮助克莱尔和她的儿子中去。这部电影的神奇之处就在于主人公的变形记，贾斯汀从一个忧郁症患者变成了一个能够去爱的人。他者的存在成了爱欲的乌托邦。

拉斯·冯·提尔刻意在镜头中穿插了一些著名的古典主义绘画，以控制电影语境，并用一种特殊的符号学进行铺陈。例如，在超现实主义的片头字幕中他让老彼得·勃鲁盖尔[1]的《雪中猎人》一闪而过，立刻

1 老彼得·勃鲁盖尔（Pieter Bruegel，1525/1530—1569），荷兰画家。

将观看者置于凛冬的忧郁中。图画背景中的风景止于水畔，克莱尔忽然在下一秒的镜头里出现在勃鲁盖尔的画前。这两个镜头的衔接产生了一种相近的拓扑性质，以至于《雪中猎人》中的凛冬忧郁蔓延到了克莱尔的形象上。穿深色衣服的猎人垂头丧气地返家，树上的黑色鸟儿使这一冬景更显荒凉。客栈的招牌上写着“寻鹿”二字，上面画着一幅圣人的小像，那牌子斜挂在屋顶，摇摇欲坠——这个被寒冬笼罩的忧郁世界似乎被上帝遗忘了。这时，拉斯·冯·提尔让一块块黑色的碎片缓缓由天而降，如同黑色火焰一般将画面一点一点吞噬。随后，另一个绘画主题的镜头切入，贾斯汀如同约翰·埃弗里特·米莱斯[1]的《奥菲利亚》（*Ophelia*）一样，手持花环，一步一步进入水中。

在与克莱尔争吵之后，贾斯汀再度陷入绝望，她

1 约翰·埃弗里特·米莱斯（John Everett Millais，1829—1896），英国画家。

无助的目光滑向马列维奇[1]的抽象画。情绪冲动之下，她从书架上抓起一本书翻开来，一些新的具有暗示性的绘画出现在镜头里，它们无一例外地指向人类具有毁灭性的狂热和激情。此时此刻，《特里斯坦和伊索尔德》的序曲再次响起，再度与爱、渴望、死亡的主题呼应。贾斯汀首先看到的是勃鲁盖尔的《雪中猎人》，随后她又很快翻到米莱斯的《奥菲利亚》，然后是卡拉瓦乔[2]的《手提歌利亚头的大卫》（*David mit dem Haupt Goliaths*）和勃鲁盖尔的《安乐乡》（*Schlaraffenland*），最后是卡尔·弗雷德里克·希尔[3]的一幅素描，画着一头正在孤独鸣叫的鹿。

美丽的奥菲利亚向水中一步步行进，芳唇微启，失神的目光投向远方，神似圣人或者是热恋者。这再一次指出了爱与死的亲缘关系。奥菲利亚——哈姆雷

---

1 马列维奇（Kazimir Severinovich Malevich,1878—1935），俄国几何抽象画家，至上主义派的创始人。

2 卡拉瓦乔（Michelangelo Merisi da Caravaggio,1571—1610），意大利画家。

3 卡尔·弗雷德里克·希尔（Carl Fredrik Hill，1849—1911），瑞典画家。

特所爱之人，歌唱着，如同莎翁笔下的塞壬一般，死去。落花覆盖了她的周身。她完成了一次美的死亡，一次殉情。米莱斯的《奥菲利亚》上有一朵花，未被莎翁提及。一朵红色的罂粟花，象征爱欲、梦境和幻觉。卡拉瓦乔的《手提歌利亚头的大卫》也是关于欲望与死亡的图像。勃鲁盖尔的《安乐乡》则展示出一幅饱和乃至过剩的社会图景，所谓极乐，与地狱无异。脑满肠肥的人们麻木地躺在地上，餍足至于精疲力竭。在“安乐乡”，仙人掌不长刺，而直接长成了面包，所有的事物皆为利好，就像仙人掌都可以被食用和分享一样。这种餍足的社会模式与《忧郁症》中病态的“婚礼社会”（Hochzeitsgesellschaft）有异曲同工之处。有趣的是，贾斯汀将勃鲁盖尔的《安乐乡》直接放在威廉·布莱克[1]的一幅插画旁边，一个被刺穿肋骨吊起来的奴隶被勾画得栩栩如生。积极世界的隐

1 威廉·布莱克（William Blake，1757—1827），英国第一位重要的浪漫主义诗人、版画家，英国文学史上最伟大的诗人之一。

形暴力与消极世界的血腥暴力形成了鲜明对照，说明了“安乐”是建立在剥削和榨取的基础上的。贾斯汀离开图书馆前朝书架扔去的是卡尔·弗里德里克·希尔的素描《交欢的雄鹿》(*röhrenden Hirschs*)。画面无法激起任何情欲或者对爱的渴望，尽管贾斯汀在内心感受到了它——这里仍然表现出了一种压抑的“爱无能”。显然，拉斯·冯·提尔深知卡尔·弗里德里克·希尔一生忍受着精神病和忧郁症的痛苦。这一系列连环画般的画面是对整个电影语言的直观呈现。爱欲、对爱情之渴望战胜了忧郁症，带领你从“同质化的地狱”走进他者的“乌托邦”。

《忧郁症》中世界末日一般的天空很像布朗肖[1]笔下童年时光里那种空荡荡的天空。那天空突然闯入他的“同质化的地狱”，向他打开了他者乌托邦的大门。“我那时是个孩子，才七八岁，住在郊外一座

1　布朗肖（Blanchot，1907—2003），法国哲学家、文学理论家。

空空荡荡的房子里。有一天，我站在被锁死的窗户旁向外看，突然——特别特别地突然，我看到那天空仿佛开了个洞，对我敞开了那‘无限之无限’，并邀请我抓住这一夺人心魄的瞬间，跟着它过去看看‘无限之无限’的世界那边。它带来了出人意料的后果——突然间发现天空是彻底的空荡，既不可知，又明亮动人，只是，上帝去哪儿了？很明显，这一现象凌驾于对上帝存在的证明之上，使孩子感到一种狂喜，那种不可描述的快乐使他热泪盈眶——我必须说出真相——我知道，那是那孩子最后的眼泪。”[2]孩子被天空的无边无际所吸引，“自我”的边界崩溃了，清空了，“自我”逃离了出去，走进了“外面”的乌托邦。这一灾难性的世界，以及“外界”和“他者”的闯入，意味着去“自我”化，即把“我的”部分剔除和清空，迎接死亡：“天空空荡荡，死亡的大幕缓缓拉开，灾难即将到临。”[3]可是灾难使孩子感受到一种“毁灭式的幸福”，即“不在场的幸福”。这体现了一种灾难辩证法，这也是电影《忧郁症》的架构。灾难性的厄运意外地扭转局面，带来了好运。正所谓，否极泰来。

承认“无能为力”

效率社会完全被情态动词“能够”所控制。与此相反，规训社会被禁令、惩罚和情态动词“应当”所统治。生产率提高到一定程度时，“应当”就被迅速地边缘化。为了提高生产效率，“能够”代替了“应当”。对动机、倡议和项目的追求远远比虔敬、命令及其带来的剥削更有效。对于一个创业者来说，他无须臣服于一个剥削和约束自己的“他者”，因而是自由的劳动主体，但这并非真正的自由，因为他将自己分解为无数自由的零部件，然后向内剥削自己。剥削者同时也是被剥削者，正如加害者同时也是受害者。自我剥削比剥削他人的效率更高，因为前者带来一种类似自由的感觉，或因这种剥削可以脱离被统治的前提而实现。

福柯指出，新自由主义的经济人[1]无法适应规训社会，创业者不再是对某人、某机构言听计从的主体。[4]但他隐藏了另外一个事实：创业者并非自由。自由仅仅存在于臆测之中，事实上人们是在剥削自己。福柯对新自由主义的立场是绝对肯定的、毫无批判的。他认为，一个新自由主义的政权，是一个“最小的国家系统”[5]，是“自由的管家”[6]，使得自由得以存在于市民社会中。他完全忽略了对“自由”的新自由主义定义也具有强制性、约束性的框架。他将其称为“通往自由道路的自由”：“我会提供给你通往自由道路的条件。我会努力使你具有获得自由的自由。”[7]对自由的新自由主义定义如同那个悖论式的祈使句“请

1　经济人 (Homo oeconomicus) 是新古典经济理论的一个概念。它假设人的思考和行为是以追求自身利益为目的的理性行为，致力于自身利益的最大化，会对限制性做出反应。常用作经济学和某些心理学分析的基本假设。

自由吧！”，使劳动主体陷入压抑，精疲力竭。尽管福柯的“自我伦理学”驳斥了当时的反动政权，即对他者剥削的统治形式，却忽视了自由本身的强权特征，这也是发生自我剥削的基础。

“你能”二字带来的强大压力，通常可以毁灭一个劳动主体。强迫自我不断更新，看上去像是对自由的实践，事实上却使主体忽视了它的强迫性。“你能够”甚至比“你应当”更具强迫性，自我强迫比强迫他人能带来更明显的效果，因为自己不可能反抗自己的意志。新自由主义的政权将这一强迫性巧妙地隐藏在表面的个人自由之下。个体不再将自己视为言听计从的主体（Subjekt，subject to），而是视为可以面向未来规划的项目。这就是它的狡猾之处：谁失败了，谁就应该自负其责，不应该将责任推给任何人。没有任何申辩或赎罪的可能性，紧接而来的不只是责任危机，还包括奖赏危机。

责任和奖赏的前提条件是他者的存在。与他者缺乏联系，则会导致责任危机和奖赏危机。与广泛传播的一种推论（例如瓦尔特·本雅明[1]）相反，这些危机清楚地表明，资本主义不是宗教。因为所有的宗教都通过犯罪和赎罪来发挥效用。资本主义是“举债”[2]的，不存在“欠债者”免除“还债”责任的可能性。无法赎罪、无法免责，也是工作主体抑郁的原因。抑郁症和工作倦怠（Burnout）共同造成了无法挽救的“能力”危机——一种精神层面上的“无力支付”行为。

爱欲是一种超越了工作绩效和能力的、与他者之间的关系，表现为情态动词就是承认“无能为力”。关于爱情体验的一个建构性条件就是一个人在“他者”面前承认自己的“无能为力”。他者身上的“异质性”是决定其存在的基本特性，也是我们在最原始的爱欲关系中所追求的、不可以被转化为“能力”的

---

1 瓦尔特·本雅明（Walter Benjamin，1892—1940），德国哲学家、思想家，被称为“欧洲最后一位知识分子”。

2 德语 Schuld 既有罪过、过错又有债务之意。

特性。[8]追求“能力”的绝对化将毁灭“他者”的存在，而与他者发生关联的前提恰恰是某种“无能为力”。只有承认“无能为力”，他者才会出现：“我们应该把对他者的爱欲描绘成一种无能为力的失败吗？如果我们用惯常的定义去描述这一术语——比如爱是‘可把握’‘可占有’‘可辨识’的，那答案是‘应该’。因为爱欲中确实无可占有，无可把握，无可辨识。如果一个人声称他占有、把握和认清了另一个人，这个人就不是那个‘他者’。占有、把握和辨识都是‘能力’的近义词。”[9]

今天，爱被简化成了性，完全屈服于强制的绩效与产出。性是绩效。性感是可以持续增加的资本。具有展示价值的身体等同于一件商品。他者则是性唤起的对象。不具备“异质性”的他者，不能为人所爱，只能供人消费。因此，如果他者作为诸多性行为对象的其中之一被碎片化，他便不具备哲学意义上的人格（Person）。性是没有人格的。

如果将他者视为性对象，“原始距离”也会随之消弭。马丁·布伯将“原始距离”视为“人之为人”的原则，认为它是可以唤起性兴奋的、超越感官直觉的前提。[10]“原始距离”可以避免将他者转化为一个客观对象，避免将其物化为“它”。我们把作为性对象的他者不再唤作“你”，因为与他并无实质性的关系。“原始距离”可催生出感官直觉的仪式感（Anstand），使“异质性”从他者身上解放出来，因而跟自己保持距离，这才使得“你”这个称谓有了用武之地。对于一个性对象，你只需呼来喝去，而无须指名道姓。性对象是没有所谓“脸孔”的，因为“脸孔”对于制造距离、体现他者的“异质性”至关重要。如今，体面、正直等设定人与人之间距离的品质正在从当代人身上日渐消亡，体验他者身上“异质性”的能力也就随之消亡了。

今天，我们借助数字媒体，努力将遥远的他者尽可能地拉近距离，甚至可能实现零距离。“近距离”

依然意味着保持距离，而“零距离”却是将这份距离感彻底毁掉了。从这个意义上说，“近距离”反而变成了大家心中具有消极意味的“距离感”。当今社会，对“距离感”赶尽杀绝的行为大行其道，因为“距离感”是消极的、会制造紧张气氛和压力的。零距离因而成为积极的、肯定的结果。然而，消极面往往是一个事物得以诉诸积极面的、可以活跃存在的基础。单纯的积极面是缺乏生命力的。

如今，爱被当成一种享受的形式被积极化了。首先，它必须制造出愉悦感受，不应有情节、有故事或者带有戏剧性，而应该是一种连续不断的感情和刺激。它必须免于受到伤害、攻击、打击等负面行为的影响。爱的消退本身已经是相当消极的事情了。但这些消极面其实是爱的本质的一部分：“爱不是一种可能性，它并不基于我们的努力和积极态度而存在，它可以没来由地打击我们，伤害我们。”[11]然而，在这个被绩效和能力统治的社会，一切必须具备可能性、积极性和项目化的特点，无法接受爱所带来的伤害和磨难。

绩效原则已经统御了当今社会的所有生活领域，包括爱和性。正因如此，畅销小说《五十度灰》（*Shades of Grey*）里的女主人公才会惊讶于她的伴侣对于关系的要求如同“招聘广告，划定了固定的工作时间、清晰完整的任务设置和严苛明确的管理办法，以确保工作绩效和质量”[12]。绩效原则不能姑息无度、无节制，以及越界犯规所带来的负面性。因此，在他们签订的“协议”里，顺从的一方即“奴”，有义务满足相应的条件，比如规律的运动、健康的饮食和充足的睡眠。除了必要的水果之外，“奴”甚至被禁止在正餐之间进食。“奴”不得过量饮酒，不得抽烟，不得吸食毒品，也不能将自身置于任何不必要的危险中。甚至性生活也必须以身体的健康状况为前提，一切指向负面的行为都被禁止。那张长长的协议条款清单甚至包括了排泄物的使用，所有象征性或者实际上的污秽一并被排除在外。女主人公肩负着“在任何时刻必须保持清洁，使用剃刀或蜜蜡清除体毛”的义务。[13] 小说中描述的 SM 操作方法是这种性关系的另一种反映。一切有僭越、违背意图的行为都被禁止，被打上巴塔耶“性禁忌”的记号。参与 SM 的女性不得违背事先在协议中商定的“硬限制”，所谓的“安全词令”（Safewords）只是为了确保她不会遭受过度的、无节制的强求。对形容词“可口”一词的频繁使用也体现了一种强制的迎合意味，将所有行为转化为一种享受和消费模式。因此，《五十度灰》甚至使用了“可口的刑罚”一词。在“积极世界”中，只有可消费的事物被允许存在，疼痛也必须以被享受的方式存在。黑格尔所说的“痛苦”中包含的否定性或消极面是不存在的。

可支配的“当下”就是充满同质化的世俗。相反，未来是不可预期的、绝对充满惊喜的。与未来的关系形同与“他者”的关系，是无法用同类世界的语言来描述的。如今的“未来”拒绝一切来自“他者”世界的否定性，被视作更好的现在，将一切灾难排除在外。对现有事物的罗列归类意味着消灭“过去”。通过可复制的现在，“过去”摆脱了无法挽回的否定性。记忆不仅仅是恢复已有事物的器官，它还会持续地改变它们。这是一个不断向前推进的、活跃的、叙事性的过程。[14] 数据存储器与记忆不同，是一个将所存储事物的生命力完全剥夺的技术媒介，而记忆是超越时间的。因此，我们拥有的是一个绝对意义的“当下”，它抹杀了时间的瞬间性和片段性，将有时有刻转化为无时无刻，时间只是单纯的叠加，不再受情景和情境所限，如同时钟嘀嗒嘀嗒，周而复始，不受万物驱使，每一瞬间都为这一秒的嘀嗒让路。

情欲是与“他者”的缺席分不开的。缺席的不是“空虚”，而是“可见的未来”。因为未来是属于“他者”的时间。将“当下”绝对化意味着将时间同质化，使他者始终具有可支配性。因此，列维纳斯将爱抚和肉欲都视为情欲的投射。他者的缺席对于两者至关重要。爱抚是“与会随时逃遁之物的游戏”[15]，是对那些一刻不停地向未来遁去之物的追求。在列维纳斯看来，情欲是由欲成未成、欲来未来之物所滋养的。他者在全部感官的集合体中的缺席对于肉欲的张力和激烈程度至关重要。当今社会的“爱情”无非代表着需求、满足和享用，跟他者的存在与否并无关联。作为搜索和消费机器的当今社会，已经将所有与他者相适应的需求抹去，世界上不存在不能被发现、攫取和消费的事物。情欲被“脸孔”唤醒，这既提醒了他者的存在，同时又是对他者的否定。[16]他使用的“脸孔”（Antlitz）一词与普通意义的“脸”（face）完全相反，它是一种以色情意味被赤裸裸地展出的，完全可见、可消费的商品。

列维纳斯的爱欲伦理学尽管避免触及疯癫和狂迷等极端状况，却透彻地指出了“他者”的重要性。那种不可支配的绝对他性（atopische Andersheit），在当今这个越来越自恋的社会濒临灭绝。此外，列维纳斯的爱欲伦理学反对将他者物化和商品化。他认为，资本主义消灭了绝对他性，使一切臣服于消费社会。但爱欲体现的是与他者的非对称关系，而非资本主义的物物交换关系，因此不可能出现收支平衡的状况。

徒劳的生命

野猪将它的獠牙刺进美少年阿多尼斯的身体，一招致命。野猪象征着情欲，是疯癫和狂迷的表达。阿多尼斯死后，野猪说：它那充满情欲的“牙齿”（erotikous odontas）绝对没有伤害到阿多尼斯，那只是一种爱抚的方式。马尔西里奥·费奇诺[1]在他关于柏拉图《会饮篇》的书中则描述了爱人的情欲之眼（erotikon omma）。[17]与野猪的獠牙一样，那眼睛充满了致命的激情：“因为你的眼睛穿过了我的眼睛，渗透我的骨髓，引燃了炽热的火焰。我对那些因

1 马尔西里奥·费奇诺(Marsilio Ficino，1433—1499)，文艺复兴时期的意大利学者。

你而消逝的事物产生深深的同情。”[18] 血液也可以作为情欲联通的媒介。爱人与被爱者之间充满情欲的眼神，如同输血一般将两者联结：“设想一下，来自泰邦的演说家吕锡（Lysias）爱上了来自弥利奴斯的斐德罗（Phaidro）！吕锡张着嘴巴呆望着斐德罗的面孔，斐德罗用同样炽热的、燃着火光的眼神迎向吕锡的眼睛，同时向吕锡传递出自己的生命之灵。通过眼神的直接交互，斐德罗和吕锡的灵魂之光合二为一，他们的生命之灵也连在了一起。生命之灵的光晕诞生于斐德罗的心脏律动，迅速朝着吕锡的光晕扩散而去。由于两颗心紧紧相依而存在，光晕瞬间变得浓稠如血，在进入吕锡的心脏后就变成了它原来的样子，即斐德罗的血液。多么不可思议的过程！斐德罗的血注入了吕锡的心脏！”[19] 古代的情欲交流令人备感不适。在费奇诺看来，爱情是“所有瘟疫中最严重的一种”，它能直接导致“变形”，让一个人抛弃他的本性，教他“容纳陌生的东西”。[20] 变形和伤害，都体现出一种消极性。这种消极性在越来越强调爱情的积极面和顺从性的今天已经逐步消失。人变得越来越相似，在他者身上也只是找寻和确认他们自己。

伊娃·易洛思在《消费浪漫》(*Konsum der Romantik*) 一书中指出，当今的爱情越来越“女性化”。小说常常使用“友好的”“亲密的”“安静的”“舒服的”“讨人喜欢的”“温柔的”等形容词来描述浪漫的爱情情节，而这些词汇都体现出浓浓的女性色彩。人们习惯将浪漫场景中的男性角色代入女性的感觉范畴中。[21]通过这个判断，她进一步得出结论：当今的爱情不仅是被“女性化”那么简单。随着所有生活领域出现的一种积极化趋势，爱情也被驯化成一种消费模式，不存在风险，不考量胆识，杜绝疯癫和狂迷，避免产生任何消极和被否定的感觉。舒适的感觉和无须承担任何不良后果的刺激取代了痛苦和激情。在快餐式性交、邂逅后上床和舒压式做爱已经司空见惯的当代，性生活已经不存在任何消极面。消极面的缺失导致了当今爱情的枯萎，成了可消费、可计算的享乐主义的对象。人们满足于追求同好者的那份舒适，放弃了对他者的渴望。被追求的是一种舒服的、最终缓慢沉淀在意识之内的熟悉感。超验性在当今的爱情中不复存在。

黑格尔的主仆辩证法描述了生与死的斗争。最终成为“主人”的人是不畏惧死亡的。他对自由、自主和被认可的渴望，使他超越了对这徒劳的生命（bloße Leben）的忧虑。不敢冒生命之险的人成为最终的“奴隶”，从而臣服于相对的“主人”。面对死亡的威胁，他宁愿为奴，依附于这徒劳的生命。两方相争，一方体格上的优越性只能主导战争的开局，决定结局的往往是“面对死亡的能力”。[22]一个人如果不能掌握死之自由，那么他也不敢去冒生命之险，“不能只身前行奔赴死亡的方向”，而是“在死亡中依赖自我，等待死亡”。[23]他不敢向死而生，就只能是劳作的“奴隶”。

劳作和徒劳的生命密不可分。它们都是对死亡的否定性之回应。当今时代对徒劳的生命的辩护不断激化和尖锐化，趋向对健康的绝对化和神化。一个现代的“奴隶”会将健康置于独立和自由之前。如同尼采的“末人”（letzten Menschen），健康对于他们有着绝对的价值。健康被升华为“最伟大的神力”：“人们膜拜健康。‘我们发现了幸福的真谛——末人一边说，一边得意地眯起眼睛。’”[24] 对于崇尚徒劳的生命之人，药方取代了神学，或者说，药方也被神化。在徒劳的生命的体能训练日志上，没有死亡的位置。只要奴隶还是奴隶，还将自己豢养在徒劳的生命里，他就必须臣服于“主人”：“但是，无论是抗争者还是胜利者，他们一样憎恨幸灾乐祸的死神——它总是不打招呼悄然而至，如同一个盗贼，也如同最终所有人的‘主人’。”

爱欲的狂迷和疯癫状态是对劳作和徒劳的生命的否定。因此，将自己依附于徒劳生命的、劳作着的奴隶，不能拥有情欲的渴望和体验。今天的劳动主体与黑格尔的“奴隶”的唯一区别在于，前者不需要为主人劳作，而是自愿对自己进行剥削。创业者既是主人也是奴隶。这个危险的统一体是黑格尔的主仆辩证法未能考虑到的。自我剥削的主体和被他人剥削的主体一样没有自由。如果我们将主仆辩证法理解为自由的历史，那么这段历史远未结束。我们离真正的“自由”还差得很远。今天的我们尚处于一个主仆合一的历史阶段。我们可以算是“仆主”或者“主仆”，却远不能称为自由人。待这段历史告终，自由人才会出现。因此自由史还将继续向前发展，直至我们的身份既非主人，也非奴隶，更不是主仆或者仆主，自由史才算画上句号。

资本主义将徒劳的生命绝对化。过上好日子并不是它的终极目标。增量、增值、增长的压力是对抗死亡的手段，因为死亡意味着绝对的失去。亚里士多德认为纯粹的资本收益是寡廉鲜耻的，因为其目的不是过上好日子，而只是徒劳的活着：“所以，有那么一些人觉得房产管理的目的正在于此，他们坚持认为，一个人要么应该把钱财保护好，要么就要让它无限的增加。产生这种观念的根源是为了生存的孜孜不倦的努力，而非为了过上好日子。”[25]因此，资本和工业生产的流程不断提速，朝向无穷无限的方向，好日子的“目的论”不再奏效。每一种行为都趋向极端，打破了伦常。资本主义因而是伤风败俗的。

黑格尔对“他者”的敏锐感受力超过了历史上任何一位思想家。这种感受力不应作为哲学家身上的特殊癖性被轻易忽视。人们应当换一个角度去读黑格尔，至少区别于德里达、德勒兹和巴塔耶的理论。后者将“绝对”指向暴力和极权，而黑格尔的“绝对”是爱情：“在爱情中，从实质的角度看，存在着被我们用于描述绝对精神这一基本概念的时刻，即由他者回归到自我从而达成生命的统一。”[26]绝对意味着不受限，受限的精神只会表达自我意志，避开他者的存在；而绝对精神则意味着认可了他者的负面性。黑格尔认为“绝对精神的生命”不是徒劳的生命，“它不畏死，不怕生命之凋零”，它承载并包容着绝对精神。绝对精神的生命力源于“死亡的能力”，它并非只重视积极面，忽视消极面。相反，它更愿意直面消极的部分，并与消极面共存，它的绝对性恰好体现在它直面各种极端和负面情况，并将它们包容在内——更准确地说，将它们封存在内。[27] 纯粹积极的、由肯定性主导的地方，是不存在精神的。

黑格尔将“绝对精神”定义为一个闭环（Schluss）。[28] 这不是指形式逻辑上的封闭性。黑格尔会说，生命自身就是一个闭环。如果它不是绝对的封闭，而是有限的封闭、短路式的短暂封闭，那么这个闭环会产生一种将他者全然排除在外的暴力。黑格尔辩证法本身就是一种闭—开—再闭的运动。绝对的闭环是一种漫长而缓慢的闭合，闭合前会在他者那里充分停留。如果精神无法完全封闭自成一体，他者的负面性就会对它构成攻击，它会受伤，流血而死。不是所有闭环都指向暴力。人们缔结和平。人们缔结友谊。友谊就是一种闭环。爱情也是一种完全的闭环，因为它可以牺牲自我，将自己交付死亡。“爱情的本质”在于牺牲自我意识，将自我置于他者之中而导致忘我。[29]黑格尔理论中的奴隶意识则是一种有限的封闭，不能接受完全的闭环，因为奴隶不愿牺牲他的自我意识，意即不接受死亡。作为绝对闭环的爱情则是可以穿越死亡的。尽管有爱之人会为他者牺牲，但这种牺牲使他能够回归自我。这种由人及己的和解式的回归与对他人的暴力式占有无关，后者是有些人对黑格尔思想精髓的误读。事实上，这种回归是他者的馈赠，是以自我牺牲和放弃为前提的。

自恋式忧郁症的主体也不是一个闭环。由于无法封闭，一切都会流逝和消解，因而也缺乏一个坚固、稳定、封闭式的自我图像。不难想象，优柔寡断、没有决断力也是忧郁症的症状之一。忧郁症的时代特征是，人们将这个闭环不断敞开并去掉边界，导致他们丧失了闭合和封闭的能力。由于生命无法形成闭环，人们也荒疏了面对死亡的能力。劳动主体是不能封闭的，他终将在强制不断提效的压力前崩溃。

爱情对于马尔西里奥·费奇诺而言是“在他者中的死亡”：“我爱你，而你也爱我，我在你中找到我，而你也想念我，我将自己舍弃，进入你，而你接受我，于是我找回了自己。”[30] 费奇诺认为，爱着的人在被爱者身上忘却自己，而这种忘却能帮助自己找回自己，重新拥有自己，这就是所谓“他者的馈赠”。他者的优先地位使爱神厄洛斯（Eros）的权力优于战神阿瑞斯（Ares）的暴力。在权力或者统治关系中，我是他者的对立面，并且臣服于他者。厄洛斯的权力则体现在“失权”上，我不再维护自己的地位，而是在他者中、为他者失去了自我，同时，他者又帮助重塑了自我：“统治者通过统治他人确立强权；求爱者通过他者重新找回自我。爱情中的双方必须首先从自我中走出来，走进对方，让自我在对方中死去才能重生。”[31]

巴塔耶的《色情史》(*Erotik*)开篇第一句是:“所谓色情,可以说是对生命的肯定,至死方休。”[32]被肯定的不是将死亡排斥在外的徒劳的生命,而是一种生命律动,说得更准确一点,被肯定是那种向死的力量。情欲是将生命升华为死亡的更高级媒介:“因为,尽管色情活动首先体现了生命的充盈,但其相关的心理诉求却与对生命繁殖的担忧无关,在这个特点上,它更接近于死亡。”为了给这个巨大的悖论一个合理的解释,巴塔耶引用了萨德(Sade)的话:“要想了解死亡是怎么一回事,没有比将它跟纵情欢愉的念头联系在一起更合适的了。”

死亡的消极性对于情欲体验至关重要:“如果那份爱在你身体里不同于死亡,那就不是爱。”[33]死亡首先与自我的利害相关。情欲的生命律动会淹没和放逐自恋式的、假想的身份认同,而又因其消极性而展示出向死的力量。死亡不仅仅意味着徒劳的生命的终结，不管是牺牲假想的自我身份，还是消弭自我在社会中的社交地位的象征性规则，都是死亡之体现，这些影响远比生命的终结要深刻得多。“在由寻常状态向渴望状态过渡的过程中，死亡的吸引力发挥着根本的作用。情欲总是伴随着建构性形式的消解。我再强调一下：所有社会属性的、与日常生活相关的、突出个体的不连贯性规律的形式，都包括在内。”日常生活充满了各种不连贯性。情欲经验则通往“存在的连贯性”，“哪怕不连贯的生命体，其死亡也会制造出存在的连贯性的终结”。[34]

如果一个社会中，每个人都是自己的雇主，就会盛行所谓的“苟活经济”（Ökonomie des Überlebens）。具体说来，就是将爱置于死之对立面的经济学。新自由主义释放了自我和效率激励，形成了新的社会秩序，导致了爱欲的消亡。积极社会中，死亡的消极性逐渐隐去，社会中仅存徒劳的生命之焦虑，唯一的目标是“确保在无序中苟活下来”。这是奴隶的生活状态。担心无法苟活的焦虑，已夺走了生命中的最后一点生命力。生命力是一种复杂的现象，仅有积极面的生命是没有生命力的，因为消极对于保持生命力至关重要："只有一件事物、一个人身上体现出矛盾性且具备容纳和接受这种矛盾性的能力的时候，才能被称为是有生命力的。"[35] 这与日常生活中所说的活力、健康状态是有区别的，后者排斥了一切消极性。苟活之人形同活死人，他们在生时形同已死，在死前只能偷生。

《漂泊的荷兰人》[1] 就是对当今疲怠社会的一个贴切的类比。传说这艘荷兰船只上的所有船员都是活死人，荷兰人号"没有航向，不能停泊靠岸，也无法保持静止"，如同一只脱弓飞行的离弦之箭，象征了当今不知疲倦、自我压抑的劳动主体。他们的自由仿

1 《漂泊的荷兰人》（*Fliegenden Holländers*）是瓦格纳于 1841 年创作的一部三幕浪漫歌剧，1843 年首演于德累斯顿，根据德国诗人海涅的《施纳贝莱沃斯基的回忆》改编。

佛受到了同样的诅咒，必须一刻不停地剥削和压榨自我。资本主义的生产方式就是无目的的，其目标不是“好日子”。荷兰人号本身就是一个活死之物，既不能生，也不能死，被诅咒在永恒的同质化的地狱中恒久飞行，它唯一期盼的是末日降临，能摆脱永恒地狱（“白昼的审判，新的一天！/你何时降临到我的黑夜里？/毁灭的丧钟它何时敲响；/世界的末日何时来临？/所有的活死人何时重生，/那时我终将遁入虚无！/你们的世界，快快停止运转！”）。盲目的生产和增效让娜塔[1]感到自己像被出售的货品（“轰轰隆隆，听话的轮子，/你灵活地转吧！/成千上万的丝线，你们织吧，/听话的轮子，轰轰隆隆！”），既远离爱欲，也远离幸福。爱欲遵循着另外一种逻辑。娜塔为情自杀是对资本社会商业生产和效率至上原则的宣战。她的爱情告白是一种闭环式的、绝对的、崇高

1 娜塔（Senta）是歌剧《漂泊的荷兰人》中的女主角，挪威船长达朗德的女儿。

的，超越了资本主义经济赤裸裸的积累方式的一种庄严承诺。她让这个时代透进一束光，喘一口气。忠诚是能将永恒带入时间的一种闭合方式，是在时间中与永恒的联结："爱情能够证明，生命的时间存在永恒，它的本质是忠诚，即我对你言而有信。这也是幸福的根基！是的，爱情带来的幸福是时间可以永恒的最好证明。"[36]

色　情

色情即将这徒劳的生命示众。它是情欲的对手，又亲手毁掉了性。从这个角度看，它比道德更“成功”：“性不会毁于道德、高尚和压迫，而最有可能毁于比性更能代表性的东西——色情。”[37] 色情的吸引力在于“将无生命力的性行为从有生命力的性爱中剥取出来”。色情的伤风败俗之处不在于它含有太多的性内容，而在于它其实与性无关。今天，对性构成威胁的不是“纯粹理性”，即反对快感、认为性行为“不洁”的观点，而是色情。[38] 后者并不是真实场景中发生的性行为，即便真实发生的性，如今也可以成为色情物的内容。

世界的色情化的标志之一是它的世俗化。色情将情欲世俗化。阿甘本的《渎神》(*Lob der Profanierung*)不承认这一社会进程的发生。“世俗化”意味着使那些通过净化为诸神保留，并从日常生活中抽离的事物重新恢复功用，它有意忽略这些事物被抽离的本质。[39]因此，阿甘本从世俗化理论中得出结论，每一种抽离的形式中都保存了一个天然的内核。例如，博物馆就是寺庙的世俗化形式，因为博物馆内的物品也与其日常生活的功用相隔离。旅游对于阿甘本而言则是朝圣的世俗化。朝圣者从一处圣地行至另一处，穿越整个国家，与当今游客马不停蹄地穿越这个越来越博物馆化的世界如出一辙。

阿甘本认为世俗化不等于将教会的东西移作俗用。被抽离的物品应当重新回归原本的用途。阿甘本关于世俗化的例证却略显不足，甚至有点怪异：“如何将排泄物世俗化？一定不是要让它回归本来的自然状态，也不是简单的以一种变态的极端方式享用它（聊胜于无），而更多的是用考古的方式来研究它，将它视为自然与文化、个体与公共领域、个人所有与集体所有之间的对立场。也就是说：要习得排泄物的新用途，如同孩童在认识到排泄物应被压抑和抽离之前那种单纯想要尝试了解它的感觉。”萨德笔下的浪荡公子以一位女士的排泄物为食，或许就是对巴塔耶所指的极端情欲的实践。但是，排泄物的世俗化是如何超越了极端化和返自然化（Renaturalisierung）的？神学和道德的预判对某些事物的特质进行压制，而世俗化则抵消了这种压制作用。阿甘本将自然界中玩毛线球的猫作为世俗化的例证：“猫玩起毛线球来如同玩老鼠一般——正如孩童把玩古老的宗教符号抑或经济领域的物品似的——猫玩线团的方式如同对待捕获的战利品，哪怕完全知道那个线团里空无一物。这一行为不会因线团代替了老鼠而终止，却可缓和其中的暴力因素，使线团获得了全新的功能。”阿甘本认为在每个目的背后都存在一种强制性，而世俗化正是将事物从这种强制性中解放出来，使其变成“纯粹的无目的媒介”。

阿甘本提出的宗教移俗观点忽略了一种特殊现象，即有些事物无法再回归宗教实践，甚至要与之对立。可能存在的情况是，在博物馆被展示的物品与神庙中的物品一样被抽离。然而，被博物馆化的物品被展出之后，其祭祀价值已经荡然无存，让位于展示价值。因此，博物馆作为一个展示空间，已与神庙作为祭祀空间的本质相悖。旅游则与朝圣相对立。前者制造的是“非空间”，而朝圣与一个又一个空间紧密相连。马丁·海德格尔[1]所称的人类“诗意的栖居”的空间是“神圣之处”，历史、记忆和身份认同是它的标志性特征，而旅途中的游客只是路过一个又一个地方，从不逗留，那些地方之于他们是“非空间”。

阿甘本试图将裸露视作超越了神学预判的、“既超然于神赐的威严感又远离堕落自然之诱惑力”的行为。因此他认为，展示为裸露提供了世俗化的绝佳机

---

1 马丁·海德格尔（Martin Heidegger, 1889—1976），德国哲学家，存在主义哲学的创始人和主要代表之一。

会："无论是模特、色情片主角，还是其他从事相关职业的人都必须从展示中学到那种无所忌惮的冷漠态度：除了展示本身，不展示任何事（或称与媒介的绝对融合）。以此种方式，从脸的暴露直至裸露的身体都具备展示价值。然而，这种对表达的摧毁恰恰为情欲腾出了位置，使之呈现于人的面孔。脸作为纯粹的展示工具，远离具体的表达，从而具备新的用途，成为情欲交流的崭新形式。"[40]可是，以观赏为目的的裸露失去了神秘性和表达性，与色情物中的裸露无异。色情物中出现的面孔也不能表达任何内容，不具备表现力和神秘性："人们从一种形式向另一种形式走得越远——从爱情的诱惑和渴望，到性行为，再到最后赤裸裸的简单的色情——秘密和谜题（Rätsel）的成分就越稀少。"[41]情欲从未跟神秘感脱钩，甚至连赤裸身体上的脸也不具备任何"新的、完整的性的功能"。与阿甘本的期待相反，这种展示恰恰毁掉了情欲交流的可能性。裸露的面孔仅剩下展示功能，这才是色情伤风败俗的根本原因。资本主义加速了社会的色情化进程，它将一切事物当作商品展出，请所有人观看。除了性，这些展示毫无用途。它将爱情粗鄙化，变成色情。这与阿甘本的世俗化别无二致。

世俗化伴随的是去仪式化和去神圣化。如今，宗教场所和祭祀活动逐渐淡出视野。世界趋于赤裸裸和寡廉鲜耻。巴塔耶的“神圣的情欲”沦落为仪式化的交流。体现仪式感的节日和游戏作为特殊的空间，行使了“抽离”的作用。如今的爱情是且仅是温暖、亲密和舒适刺激的代名词，昭示了神圣的情欲的毁灭。情欲的诱惑力在色情中被完全清除，不再追求场景的幻想和虚拟形式。鲍德里亚甚至将诱惑置于爱情的对立面：“仪式是诱惑原则的一部分。爱情诞生于仪式和礼俗的毁灭，并从中被解放出来。爱情的能量来源于这些形式的瓦解。”[42]爱情的去仪式化在色情中得到了实现。阿甘本的世俗化甚至助长了当今世界的去仪式化和色情化，因为他将宗教场所视为抽离的强制形式。

想象力

伊娃·易洛思在《爱，为什么痛？》中将前现代时期的想象力称为“信息匮乏”。信息匮乏导致会“高估”他人，将他人的“价值看得过高”，甚至将其“理想化”。而今，由于数字通信技术发达，想象力被过量的信息所填充：“借由互联网传播而形成的先入为主的想象力，与信息匮乏而成的想象力不同。互联网想象以堆砌的碎片化符号为支撑，缺乏整体性；在这种处境下，人们看似掌握了大量信息，却不易将事物理想化。”易洛思进一步假设，日益增长的选择自由带来了愿望的“理性化”。[43]愿望不再是无意识的，而是受有意识的选择的支配。愿望的主体“被迫面临各种源源不断的选择以及理性层面对他者的理想评判标准，他必须做出选择并为之负责”。这种被迫升华的想象力改变并且提高了男男女女对理想伴侣的要求以及与之共同生活的期许。紧接而来的便是频繁的“失望”。失望是“臭名昭著的服侍‘想象’的女佣”[44]。

易洛思还探究了消费文化、愿望和想象的关系。消费文化刺激了愿望和想象力。它极富侵略性，使人们被迫榨取后者的用途和功能，并在白日梦中游走。易洛思认为福楼拜的《包法利夫人》中已经全然体现出消费愿望与浪漫愿望互为条件。易洛思指出，女主人公艾玛的想象力是她消费癖的动力。如今，互联网则将“现代主体定位为以虚拟和想象的方式追求各种事物和生活形式的体验的主体”[45]。现代的自我通过商品和媒体图像感知自己不断增长的愿望和感觉，其想象力首先受制于消费品市场和大众文化。

易洛思将艾玛的挥霍癖归因于法国19世纪早期

出现的消费文化：“事实上，很少有迹象表明，艾玛的想象力是其在勒合先生那里负债的导火索，那个老奸巨猾的小商贩不停地向她出售布料和时髦首饰。艾玛的想象力直接指向了法国19世纪早期的消费文化，正因为这些想象力是借由她的浪漫主义想象而产生的。”[46] 与易洛思的假设相反，艾玛的消费行为并不能用当时法国的社会经济结构来解释。她更像是一种对挥霍和浪费的偏执，类似于巴塔耶的“经济学的终结”[47]。巴塔耶认为“不可再生的挥霍”与可服务于大生产的消费形式是对立的。[48] 勒合曾以兑换货币为业，体现了当时的市民社会经济，这种经济模式却被艾玛不可再生的、挥霍无度的消费方式击垮了。因此，巴塔耶认为这种挥霍有悖于“收支平衡的经济学原理”[49]，即有悖于生产和消费的基本逻辑，它秉承的是一种“亏损原理”，将小市民也就是勒合先生的运气击得粉碎。绝对意义上的亏损即死亡。因此，艾玛的死也是逻辑上挥霍和亏损的必然后果。

易洛思认为，当今的愿望已经不再因选择和标准的不断增加而“理性化”。相反，选择自由的不设限意味着愿望面临终结的威胁。愿望永远是对他者而言的愿望。被剥夺的否定性滋养着愿望。他者作为愿望的对象回避了选择的肯定性。一个“不知疲倦的定义和优化伴侣筛选标准”[50]的自我是没有愿望的。消费文化注定会通过媒体图像和叙事手法制造出新的需求和愿望。但是，愿望与心愿和需求不同，易洛思没有进一步深究愿望驱动的力比多经济（libidoökonomische）的特点。

信息的高清晰度使得一切皆可被定义。想象力却应居于一个不可定义的空间。信息和想象是完全对立的力量。因此不存在“信息量大”的想象，因为信息的密集会使他者无法被“理想化”。对他者的建构不取决于信息的多寡，信息缺失的否定性恰恰缔造了他者的存在，赋予他者以更高级形式的存在，避免将他者“高估”和“理想化”。信息则是肯定性的，会导致他者的否定性的瓦解。

如果说有一样东西需要对当今社会日益频繁发生的“失望”负责，那么它不是不断升华的想象力，而是不断提高的期望值。易洛思的失望社会学并没有将想象和期待加以区分，这也是问题所在。新的通信媒体并没有让想象力插上翅膀，相反，它们造成的信息密集，特别是视觉信息的密集，压抑了想象力。超高清视觉效果对想象力无益，色情片就是通过将视觉信息无限倍地扩大来毁掉人们对情欲的想象的。

福楼拜恰恰是利用视觉回避的否定性激起了情欲的想象。小说《包法利夫人》中有一个有违常理的情欲场景：环境漆黑一片，伸手不见五指，列昂引诱艾玛一同乘马车出行。车夫漫无目的地驾着车，马不停蹄地穿过这座城市，而二人在低垂的幕帘后面激情地做爱。福楼拜巨细靡遗地介绍了马车经过的每一处广场、桥梁、大道以及其他地方——屈阿特雷马尔、索特维尔、植物园等。唯一不在视线内的是那对爱侣。

情欲的迷途结束的一刻，艾玛的手从马车的窗户上伸出来，向外扔出一团纸屑，如同白色的蝴蝶飞过风中的三叶草场。

J.G. 巴拉德的短篇小说《黯淡正午的吉奥孔达》（*Die Gioconda des Mittagszwielichts*）中，主人公回到了海边的乡村别墅，打算疗愈眼疾。暂时的失明使其他感官明显敏锐了起来。脑海中升腾起来的幻象很快变得比现实更加富有真实感，他情不自禁地沉迷其中。他总能召唤来一片覆盖蓝色岩石的海滩秘境，他在那幻境中攀登一条通往地狱的石阶，还在那里遇到了一位神秘的女巫，她几乎就是他所有愿望的集合体。但是，在他更换绷带的时候，一缕阳光射进了他的眼睛，他感到他的所有想象顷刻化为灰烬。尽管他将很快恢复视力，可他坚信那些幻象不会重生。彻底绝望之后，他做出了一个极端的决定，毁掉双眼，以便能看到更多。因此，一声痛苦的呼号伴随着某种欢呼的意味从远处传来："梅特兰迅速放下手中的柳枝，向着下方的海岸走去。不一会儿，尤迪特听到他的叫喊混杂着海鸥的尖叫声从远方传来，那声音听上去一半是痛苦，一半是胜利的喜悦。她跑过那片树林，不确定他是受了伤还是发现了什么美好的东西。然后，她便看到他站在岸边上，脑袋正面迎向太阳光，明亮的赤红在脸颊和手臂上晕染开来：一个由衷欢乐、无怨无悔的俄狄浦斯。”[51]

齐泽克误以为主人公梅特兰遵循的是柏拉图的理念论（Idealistischen）原则，其根本性问题在于“我们如何从永远变化的‘虚拟’的物质现象的现实抵达真实的理念的现实（从一个仅能感知到阴影的洞穴抵达可以见到日光的地方）”[52]。齐泽克认为，梅特兰直视太阳是因为抱有“能看到整体而非片段”的希望，他希望能看得更多，看得更清楚。[53] 事实上，梅特兰是反柏拉图的。他毁掉了视力，然后从超高分辨率的现实世界退回到半明半暗的幻象空间，退回到自己的愿望。

闭上眼，在事物的旁边逗留，它们的内在乐音才会被听到。巴特这样援引卡夫卡：“人们对物品进行拍照，是为了将它们的意义夺走。我的故事某种程度上是为了让人闭上眼睛。”[54] 当今时代的各种超高清图像的画质已经使人无法闭上眼睛。快速更迭的图像让人无暇他顾。闭上眼睛这个动作是否定性的，是不被今天的加速度社会的肯定性和积极性所容忍的。由于被迫需要时刻保持警觉，闭眼成为一件困难的事，工作主体的神经系统也因而精疲力竭。修身养性也是一种生命的闭环形式。闭上眼睛恰恰是生命行至终点的可见性标志。在僻静的生命中，感知也变得完整。

超高清带来了边际和界限的消解。这也是“透明社会”（Transparenzgesellschaft）的终极目的。当一个空间被磨平擦净，就变得透明了。边际和过道是秘密和谜题的领地，也是他者诞生的源头。边界一旦消失，对他者的想象也就一并消失。失去了边界的否定性以及对边界的体验，想象便会萎缩。当代艺术和文学的危机就是想象力的危机，归因于他者的消失，也归因于爱欲的垂死。

今天，我们建造篱笆或墙来设定边界。但这些边界不再能够激发想象，因为它们无法塑造出他者，更多的是制造同质化的深渊，仅靠遵循经济法则来运行。它们只是用来将富人与穷人分离。资本铸就了这些新的藩篱。钱让一切变得没什么不同。它消除了所有本质上的差别。这些界限是排外的，具有排他性，因此就消除了一切对所谓“他者”的想象。再也不存在能引诱你通往他处的门槛和横道了。

爱欲政治学

爱欲是“万物之源”[55]。当我凝视一具美丽的身体，我已经踏上了通往美的道路。爱欲刺激和推动灵魂去“创造美”，使精神升华。[56]受爱欲驱使的灵魂能够创造出具有普遍价值的美的事物和行为。这就是柏拉图的爱欲说。爱欲并非普遍认为的那样与感官和快乐对立。只是因为今天的爱情被世俗化为性爱，爱欲才逐渐远离了它们。

柏拉图认为，爱欲指引着灵魂，拥有支配灵魂所有部分的权力：欲望（epithymia）、激情（thymos）和理性（logos）。灵魂的每一部分都有着自己独特的快乐体验，并以自己独特的方式诠释美。[57]而今欲望占据了灵魂之快乐体验的首要位置，因此现代人的行为很少由激情驱动。古希腊人的激情概念还包含着一种不顾一切要破旧立新的愤怒。而今的愤怒顶多是不快和不满，破旧立新是不可能的，现存事物会继续存在。没有了爱欲，理性也退化成以数据为基础的运算，而那些无法计算的、不同寻常的事件则不在其运算范畴之内。我们要将爱欲和欲望（epithymia）区分开来，前者不仅在欲望之上，而且在激情之上。[58] 它能激发勇气去践行美。激情成为爱欲与政治的联结点。当今政治已经丧失了激情的力量，也丧失了爱欲的力量，退化为单纯的劳作。新自由主义促进了全社会的去政治化，也导致爱欲被性和色情所取代。愿望是它的基础。疲惫社会中自我隔离的劳作主体身上的勇气也消失殆尽。以“我们”的名义，采取共同的行动——是不可能的。

爱情政治学是不存在的。政治是对抗性的。但政治行为在一定层面上与爱欲有着千丝万缕的联系。爱欲存在着一种政治的变形。每一个爱情故事背后都有政治活动的背景，也都指向了爱欲与政治的关联。阿兰·巴迪欧虽然拒绝承认政治与爱情的直接联系，却认为生活与爱情的强度之间存在一种“隐秘的共鸣”（geheime Verbindung），而人们对生活的投入完全是政治理念的体现。两者如同“音色和音量完全不同的两种乐器，却由一个伟大的音乐家编入同一乐章，并以一种离奇的方式相和而鸣”[59]。政治活动作为集体对另一种生活方式、另一个更公平世界的向往与爱欲有着深层次的制约关系。爱欲可以称为政治斗争的能量源泉。

爱情是“双人舞”[60]。它打破了一人视角，让世界从他者、从别处的视角中重生。情节的翻转是爱情经验和经历的重要特征：“很明显，在爱情的作用力下，只要我真的忠于它，我从头到脚的惯常姿态和生活方式（habiter）都会彻底改变。”[61]“不同寻常的事件”是“真相”的时刻，是将崭新的、全然不同的存在方式引入寻常状态的一刻。它让一种百口莫辩的情形发生，为了他者的存在打破了同质化，“不同寻常的事件”的本质是“破旧”的否定性，而这也是“立新”的开始。“事件性”将爱情与政治或者艺术联结起来，它要求所有人对事件保持“忠实”。超验的忠实被视为爱欲的普遍特征。

变形或者他者的否定性在性这里是不存在的。性的主体都是一样的。在他身上不会发生“事件”，因为可供消费的性对象并不是他者。性从属于那个可以复制同类的惯性制度，是一个自我对另一个自我的爱，缺乏差异的否定性，因而无法完成“双人舞”。色情加剧了这种惯性化，因为它彻底消除了差异。色情的消费体验中不包含任何性的反抗，因此仅仅是“独舞”。色情图像中也不包含任何有反抗意识的他者，更不存在任何真实的反抗，甚至没有所谓客套和距离感。特别能体现色情本质的是那些完全不涉及触摸和爱抚他者的场景，即自慰的画面。这种通过抚摸和喜爱自身发生的自我情欲，保护自我免受他者的触碰。因此，色情升华了自我的自恋倾向。爱情作为一个“事件”和“双人舞”，却是去惯性化和去自恋化的。它打破和刺穿了同类和惯性世界的秩序。

超现实主义的核心主题之一就是重新创造爱（die Liebe neu zu erfinden）。这种对爱情的超现实主义定义含有艺术的、存在的和政治的意味。安德烈·布勒东[1]曾赋予爱欲这样无所不包的意涵：“唯一与人类和宇宙相称的艺术，唯一能够引导他胜过星辰的，是爱欲。”[62]在超现实主义者看来，爱欲是语言和存在的诗意的革命的媒介。[63]它被升华为创新力量的源泉，也滋养了政治活动的发展。凭借它的万有之力，它将艺术的、存在的和政治的事物联系到一起。表达出来的爱欲，代表着对其他个体生命形式和社群组织的革命性的渴望。是的，它维护着人们对未来的忠诚。

1　安德烈·布勒东（André Breton，1896—1966），法国诗人和评论家，超现实主义创始人之一。

理论之殇

马丁·海德格尔在给妻子的一封信中说："关于他者，也就是与我对你的爱以及我的思想密不可分的东西，是很难讲的。我称之为爱欲，巴门尼德称之为诸神身上最古老的东西。每当我的思想又迈出关键的一步，每当它朝着未经开发的领域探进一步，神那扇动着的翅膀就会触碰到我。当我把长久以来已知的东西引入可以表达的语言区，而把长久以来一直被表达的东西打入冷宫的时候，神对我的触碰就会更强烈，甚至叫我害怕。既要完全适应这样的状况，又要保护好我们的自我；既能追随神的飞行，又能安然无恙地踏上归途——也就是要兼顾和同时重视这两个层面而稳步前进——这是我不易做到的地方。我总是容易误入单纯的感官世界，或者徒劳地用工作迫使自己尝试那些原本无法被强迫完成的事。”[64]他者的引诱会在思想中点燃一种情欲的渴望，而除却这种引诱，就只剩下徒劳的、不断复制同类的工作。以计算和推演为核心的思考缺乏独一无二的消极性，是一种积极的劳动，因为它不会引起消极的不安感。海德格尔认为，如果思考本身不是受爱欲驱动，不能探索“无人之境”和不可推算之事，那么它就只是一种“徒劳的劳动”。当思考的目的变成将不可表达的、特应性（atopisch）的他者转化为可表达之物的时候，爱神扇动的翅膀才会强有力地触动它。基于数据的计算式思考，缺乏他者的抗力，缺乏爱欲的思考，仅仅是重复的叠加，缺乏爱欲的爱情也就缺乏了精神动力，会退化为“单纯的感官性”。感官性和工作都从属同一种秩序，它们都与精神和愿望无缘。

不久前，《连线》（*Wired*）杂志的主编克里斯·安德森发表了一篇题为《理论的终结》(*The End of Theory*)的争议性文章。他在文章中称，如今我们拥有了无法想象的巨量数据，使得不同的理论模型都变得多余："像谷歌这样的公司在今天这个充斥着海量数据的时代成长起来，它们不需要委身于任何错误的模型，他们甚至不需要任何模型。"[65] 人们分析数据，找到相关性或者主从关系的模式（pattern），一切依靠假说推演的理论模型让位于更直接的数据比对。关联性代替了因果性："跳出人类行为的一切理论——从语言学到社会学，忘掉分类学、本体论和生理学。谁知道人们为什么在做他们在做的事情？重点是他们做了，然后我们可以用前所未有的精确度进行痕迹追踪和测量。只要有充足的数据，数字自会说话。"

安德森的基本观点是，理论的价值正在弱化和萎缩。理论更像是一种模型或假说，需要通过一系列实验来证实或者证伪。像柏拉图的理想国或者黑格尔的精神现象学那样强大的理论是无法用数据分析模型来替代的，因为它们强调的是思考的基础。理论的本质是以不同的眼光对这个世界加以判定。它是最原始的、初发的判定，决定了哪些从属于这个判定而哪些不是，哪些存在着和应该存在而哪些不是。理论具有的高度选择性的叙事特征，可以帮它在“无人之境”披荆斩棘，打开一条通道。

以数据来支撑的思考是不存在的。数据支撑的只能是运算。思考是具有否定性的、无法计算的，应当先于“数据”，即业已存在之物而存在。支撑思考的是理论体系，即所谓的“预先规定”（vorgegeben）。它超越了现有事物所具有的肯定性，并使其以不同于前的视角出现。这并非浪漫主义，而是思考的逻辑，贯穿着思考的始终。无边无际增长的数据和信息量使科学极大程度上远离了理论和思想。信息是肯定性的。基于数据的“积极”科学（谷歌科学）仅限于数据的比对和调整，却导致了理论的终结。它是叠加的、侦察式的，而不是叙事性的、阐释性的。它缺乏贯穿始终的叙事张力，瓦解为信息的片段。信息和数据的铺天盖地，使得今天比任何一个时代都更需要理论。理论能够防止不同的事物被混为一谈而无序滋长，因而可以有效地减少熵。理论先是净化世界，进而才是解释世界。人们必须回到理论、仪式和礼俗的开端。它们为这个世界以及万物的运转规定了形式，提供了框架，使它们具备了边界。当今的海量信息则会让它们变形。

海量信息很大程度上增加了世界的熵，即世界的噪声量。思考需要安静，是在安静中的一种探险。当今的理论危机与文学和艺术的危机有很多相似之处。法国新小说的代表作家米歇尔·布托尔（Michel Butor）将其称为精神的危机："我们不仅处于一种经济危机之中，还处于文学危机之中。欧洲的文学正面临威胁。我们现在在欧洲正经历的是一种精神的危机。"[66] 有人问，布托尔从哪里看出精神危机之所在，他回答说："十到二十年以来，文学界什么事儿也没发生。出版物如同洪水涌来，但精神是停滞的。原因在于沟通的危机。花样翻新的通信工具令人惊奇，可它们带来的是一片可怕的嘈杂。”如同荒草蔓生的海量信息带有过度的肯定性，如同噪声。透明的信息社会是噪声量极高的社会。它不具备否定性，只有同质性。精神的本意为不安，也正是不安给予精神以活力。

数据支撑的“积极科学”无法带来认知或真理。被人们接收的信息仅能算是知识。但知识不同于认知。知识是肯定性的，因而是积累的、渐增的。肯定性的信息不能改变和预告任何事情，因而是无果的。认知则是一个否定性的过程，包含着甄别、提炼和实践。因此，由经验得来的认知可以让既成之事全然动摇，并创造出全新的事物。接收过量的知识并不能带来认知。信息社会是一种经历式社会。经历是不断累积和增加的，它与经验不同，因为它常常是一次性的，不具备通往他者的入口。它缺乏不断变形的爱欲。包括性也成为爱情的一种肯定化了的体验模式。因此，性也是不断累积和叠加的。

苏格拉底在柏拉图《对话录》中的角色是引诱者、求爱者和被爱者，由于他的独一无二，被称为“阿特洛波斯”。他的言论（logos）本身就是一种爱欲的引诱。因此他被比作古希腊神话中的萨提尔（Satyr）或者吹笛人玛尔叙阿斯（Marsyas）。萨提尔和西伦都以陪伴酒神狄奥尼索斯著称。苏格拉底比吹笛人玛尔叙阿斯更胜一筹，因为让人陶醉入迷的是他的言语。听到他言语的每一个人，都如同灵魂出窍。阿尔基比阿德（Alkibiades）称，当他听到那些话的时候，心脏跳动得如此强烈，如同被重物所击。这些“智慧之言”（philosophia logon）如同蛇一样噬咬着它，留下伤口，榨出他的眼泪。迄今为止，大家都忽略了一个让人震惊的事实，即在哲学和理论的开端，理性与爱欲之间有着极为密切的关联。如若失去爱欲的力量，理性也会变得无力。阿尔基比阿德称，与苏格拉底不同，伯利克里和其他优秀的演说家都不曾如此打动自己，令自己陷入如此的不安之中。他们的言辞缺乏爱欲的引诱力量。

爱欲引领和诱导思想穿越无人之境，穿越独一无二的他者。苏格拉底演说的魔力归因于“独一无二的否定性”，而非“疑难”（aporie）。与传统不同，柏拉图将波洛斯（Poros）看作爱神之父。波洛斯的意思是道路。思考是在“无人之境”开辟道路却不迷路。凭借这一来历，爱欲是可以指路的。哲学是从爱欲到理性的转化。海德格尔沿袭了柏拉图关于爱欲的理论，因为他发现，只要他在思考中迈出重要一步、在“无人之境”进取一步，便会有爱神之翼触碰到他。

爱欲是柏拉图的 philosophos，即智慧的朋友。[67] 哲学家是朋友，也是求爱者。所谓求爱者不是指独立于自我之外的人，不是源自外部体验和实践的存在，而是一个“思想之内的存在，一种思考的可能性条件，一个鲜活的属类，一种超验的体验”[68]。真正的思考会随着爱欲一起升华。必须做一个好朋友、好情人，才能有思考的能力。没有爱欲，思考就丧失了活力，失去了不安，变得重复和被动。爱欲刺激了思考，使人有意愿去追求“独一无二的他者”。在《什么是哲学？》（*Was ist Philosophie?*）中，德勒兹和瓜塔里将爱欲提升为思考的超验条件：“如果朋友是思考能够进行的条件，那么什么是朋友呢？或者情人，是情人吗？人们原以为纯粹的思考是将他者排除在外的，那么朋友会将一种与他者充满活力的关系重新带入思考之中吗？”[69]

注 释

[1] Roland Barthes, *Die helle Kammer*, Frankfurt a. M. 1985, S. 45.

[2] Maurice Blanchot, [... absolute Leere des Himmels ...], in: *Die andere Urszene*, hrsg. von M. Coelen und F. Ensslin, Berlin 2008, S. 19.

[3] Maurice Blanchot, *Die Schrift des Desasters*, München 2005, S. 176.

[4] Michel Foucault, *Die Geburt der Biopolitik. Geschichte der Gouvernementalität II* , Frankfurt a. M. 2006, S. 314.

[5] Ebd., S. 63.

[6] Ebd., S. 97.

[7] Ebd.

[8] Emmanuel Lévinas, *Die Zeit und der Andere*, Hamburg 1984 S. 58.

[9] Ebd. S. 61.

[10] Vgl. Martin Buber, *Urdistanz und Beziehung*, Heidelberg 1978.

[11] Emmanuel Lévinas, *Die Zeit und der Andere*, a.a.O., S. 56.

[12] E. L. James, *Shades of Grey*, München 2012, S. 191.

[13] Ebd., S. 412.

[14] 弗洛伊德在给 Wilhelm Fließ 的信中写道：“你知道，我的假设是我们的心理机制是通过分层形成的，因为携带记忆痕迹的现有材料常常在新关系出现时被重新排列，即转录。因此，我的理论的新颖之处在于，我敢断言记忆不是简单而是多重的存在，它存在于各种符号之中。” (Sigmund Freud, *Briefe an Wilhelm Fließ*. 1887-1904, hrsg. von J.M. Masson, Frankfurt a. M. 1986, S. 173.)

[15] Lévinas, *Die Zeit und der Andere*, a.a.O., S. 60.

[16] Ebd., S. 50.

[17] Phaidros, 253e.

[18] Marsilio Ficino, *Über die Liebe oder Platons Gastmahl*, Hamburg 2004, S. 327.

[19] Ebd., S. 329.

[20] Ebd., S. 331.

[21] Eva Illouz, *Der Konsum der Romantik. Liebe und die kulturellen Widersprüche des Kapitalismus*, Frankfurt a. M. 2003, S. 99.

[22] Vgl. G. W. F. Hegel, *Schriften zur Politik und Rechtsphilosophie, Sämtliche Werke*, hrsg. von G. Lasson, Bd. VII , Hamburg 1913, S. 370.

[23] Hegel, *Jenenser Realphilosophie* I, hrsg. v. J. Hoffmeister, Leipzig 1932, S. 229.

[24] Friedrich Nietzsche, *Also sprach Zarathustra*, Kritische Gesamtausgabe, 5. Abteilung, 1. Band, S. 14.

[25] Aristoteles, *Politik*, 1257b.

[26] Hegel, *Vorlesungen über die Ästhetik II* , Werke in zwanzig Bänden, hrsg. von E. Moldenhauer und K. M. Michel, Frankfurt a. M. 1970, Bd. 14, S. 155.

[27] Hegel, *Phänomenologie des Geistes*, Werke a.a.O, Bd. 3, S. 36.

[28] Hegel, *Enzyklopädie der philosophischen Wissenschaften im Grundrisse*. Erster Teil. Die Wissenschaft der Logik, Werke a.a.O, Bd. 8, S. 331.

[29] Hegel, *Vorlesungen über die Ästhetik*, a.a.O., S. 144.

[30] Marsilio Ficino, *Über die Liebe oder Platons Gastmahl*, a.a.O., S. 69.

[31] Ebd.

[32] Georges Bataille, *Die Erotik*, München 1994, S. 13.

[33] Ebd., S. 234.

[34] Ebd., S. 21.

[35] Hegel, *Wissenschaft der Logik II* , Werke a.a.O, Bd. 6, S. 76.

[36] Alain Badiou, *Lob der Liebe. Ein Gespräch mit Nicolas Truong*, Wien 2011, S. 45.

[37] Jean Baudrillard, *Die fatalen Strategien,* München 1991, S. 12.

[38] 这是 Robert Pfaller 在《肮脏的圣明和纯粹的理性》（*Das schmutzige Heilige und die reine Vernunft*）中的观点 (Frankfurt a. M. 2008)。

[39] Giorgio Agamben, *Profanierungen*, Frankfurt a. M. 2005, S. 71.

[40] Ebd., S. 89.

[41] Baudrillard, *Die fatalen Strategien*, a.a.O., S. 130.

[42] Ebd., S. 125.

[43] Eva Illouz, *Warum Liebe weh tut*, Suhrkamp 2011, S. 413.

[44] Ebd., S. 386.

[45] Ebd., S. 375.

[46] Ebd., S. 373f.

[47] Vgl. Patricia Reynaud, *Economics and Counter-productivity* in Flaubert's *Madame Bovary*, in: Literature and Money, hrsg. von A. Purdy, Amsterdam 1993, 137-154, hier: S. 150："福楼拜讲述了一个有创造性的实例……'非价值'刻画了女性经济的主要特征，被基础经济学所贬低。'非价值'主张女性在周而复始的物质交换中'不持有'，也'不劳作'……"

[48] Bataille, *Die Aufhebung der Ökonomie*, München 2001, S. 12.

[49] Ebd., S. 13.

[50] Illouz, *Warum Liebe weht tut*, a.a.O., S. 416.

[51] J. G. Ballard, *Die Giocanda des Mittagszwielichts*, in: *Der unmögliche Mensch*, München 1973, S. 118-127, hier: S. 127.

[52] Slavoj Žižek, *Die Pest der Phantasmen*, Wien 1999, S. 82.

[53] Ebd., S. 81.

[54] Barthes, *Die helle Kammer*, a.a.O., S. 65.

[55] Badiou, *Lob der Liebe*, a.a.O., S. 23.

[56] Symposion 206b.

[57] Vgl. Th. Alexander Szlezák, *›Seele‹ bei Platon*, in: H.-D. Klein (Hrsg.), *Der Begriff der Seele in der Philosophiegeschichte*, 2005 Würzburg, S. 65-86, hier: S. 85.

[58] Vgl. Robert Pfaller, *Das schmutzige Heilige und die reine*

Vernunft, S. 144: “柏拉图在《理想国》中提出关于人类灵魂的三段论，即理性、欲望和激情。”

[59] Badiou, *Lob der Liebe*, a.a.O., S. 62.

[60] Ebd., S. 39.

[61] Alain Badiou, Ethik. *Versuch über das Bewusstsein des Bösen*, Wien 2003, S. 63.

[62] André Breton, *Exposition internationale du surréalisme* [EROS], zitiert in: Alyce Mahon, *Surrealism and the Politics of Eros*, London 2005, S.143.

[63] Vgl. ebd., S. 65.

[64] *Briefe Martin Heideggers an seine Frau Elfride 1915-1970*, München 2005, S. 264.

[65] Wired Magazine vom 16. 7. 2008.

[66] ZEIT vom 12. 7. 2012.

[67] Symposion 203e.

[68] Gilles Deleuze / Félix Guattari, *Was ist Philosophie?*, Frankfurt a. M. 1996, S. 7.

[69] Ebd.